– Niederlausitz – Dolna Łužyca – Sagen – powěsći –

Pśezpołdnica
Die Mittagsfrau

Sagen aus der Niederlausitz

Rolf Radochla

radochla ● verlag

In dieser Reihe bereits erschienen:

Teufeleien – Teufelssagen aus der Niederlausitz, 2018
ISBN 978-3-938555-51-4

Illustrationen und Fotos: Rolf Radochla
Titelbild: Skulptur der Mittagsfrau im Kur- und Sagenpark Burg (Spreewald)
Druck: Books on Demand GmbH

ISBN 978-3-938555-54-5

Inhalt

Seite
Unheimliche Mittagszeit – Der Auftritt der Mittagsfrau 5
Die Mittagsfrau brachte Krankheit und Tod 8
Die Mittagsfrau als Wissensprüferin 9
Die Mittagsfrau kann besiegt werden 11
Mittel gegen die Kraft der Mittagsfrau 14
Die Mittagsfrau als Schutzgeist 16
Die Mittagsfrau als Kinderschreck und Mahnung an die Wöchnerin – Kindervertauschung und Wechselbälger 18
Die Namen der Mittagsfrau 20
Alte Schriftzeugnisse 21
Wowka bei den Mittagsfrauen 23
Die männlichen Verwandten – die Mittagsfrau-Männer 25
Gespensterschwestern 28
Anna und Maria 30
Die Tanten der Mittagsfrau 32
Freundinnen der Mittagsfrau 33
Quellen 37

Unheimliche Mittagszeit – Der Auftritt der Mittagsfrau

Um die Mittagszeit, wenn die Sonne mit der vollen Kraft des Sommers auf die Erde brannte, waren es für die Wenden unheimliche Stunden, in denen man gespenstische Vorgänge erwartete, ähnlich wie um Mitternacht. Wilibald von Schulenburg stellte fest, was die Hiesigen von der Mittagsstunde hielten: die zwölfte Stunde sei unglücklich, sie sei die Geisterstunde. Wer in der Mittagsstunde geboren wurde, konnte nicht glücklich werden. Es war nicht gut, in der zwölften Stunde die Kinder allein zu lassen, sonst könnten sie unrecht, krumm, buckelig werden oder schlimme Krankheiten bekommen. In der Mittagsstunde sollten Sechswöchnerinnen im Bett und Kinder unter einem Jahre nie allein sein. Und es sollte auch nicht gesät werden. Die Mittagsstunde sei nichts wert, sagte man in Groß-Schulzendorf.

Ähnlich, wie in anderen Sagen, wo Gepenster um Mitternacht zwischen alten Burggemäuern spuken, untote frühere Burgbewohner Grusel und Schrecken verbreiten, tauchte hierzulande in jener Zeit, als die Landbevölkerung die Feldearbeit mit einfachen Handgeräten mühsam und im Schweiß gebadet erledigen musste, ein mächtiges und gefährliches Gespenst im Felde auf – die Mittagsfrau, die wendische Pschesponiza oder Přezpołnica.

Meist wird sie als hochgewachsene, große Frau, manchmal als betörend schön beschrieben, angetan im wallenden, meist weißen Kleide, ähnlich ihrer Schwester, der Weißen Frau. In Senftenberg trug sie eine Kapuze, ebenfalls aus weißem Tuch gefaltet. Woanders bemerkte man ihre schwarze Lapa (Kopftuch, Haube). In Oberschlesien trug sie ein rotes dreifach gefaltetes Tuch auf dem Kopf. Einige Zeugen sahen statt eines Tuches ihr langes goldblondes Haar frei in der Luft wehen und betonen ihre blauen stechenden und bannenden Augen. In Guhrow bei Cottbus wird die Mittagsfrau immer größer, je näher man ihr kommt. Zeigt sie sich oft als große, stattliche junge Frau, sahen andere sie als ein etwa

Die Mittagsfrau schwebt über dem Land

zwölfjähriges Mädchen und wieder andere als ein scheußliches, dürres, knochiges altes Weib mit grauem Haupthaar und in einem grauen Gewande. In Beschreibungen, etwa des niedersorbischen Pfarrers Bogumil Šwejla, wird sie auch als totenbleich, hohlwangig und mit eingefallenen Zügen geschildert. In Amtitz (Gębice, nahe Guben, heute in der polnischen Niederlausitz) scheechte die Mittagsfrau nach Sagensammler Gander als „kleines Heinzelweibchen". Er berieft sich dabei auf seinen Sammelkollegen von Schulenburg, nach welchem die Mittägige auch als kleine bucklige Frau vorkommen sollte. Leute von Branitz berichteten sogar davon, dass sie am ganzen Körper völlig schwarz beharrt gewesen sei und Pferdefüße habe – also dem Teufel sehr nahe stand. Dennoch sei ihr Antlitz ein menschliches gewesen.

Manchmal nahm die Pschesponiza auch die Gestalt eines heißen Wirbelwindes (Wichor) oder der wirbelnden Staubwolken an, die in der um die Mittagszeit erhitzten Luft über die Felder wehen.

Ihr wichtigstes, sie erkennbar machendes Attribut war ihre scharfe Sichel, welche die Mittagsfrau wohl stets bei sich trug. Diese gab es in zwei Ausführungen: als gewöhnliche Handsichel zum einen oder zum anderen mit einem langen Stiel, der ihr ermöglichte, diese beim Umhergehen auf den Feldern über der Schulter zutragen. Mit der Sichel bedrohte und erschreckte sie ihre Opfer. Manche behaupten, dass die Sichel eine goldene wäre. Doch wie aber kann eine solche jemals so scharf werden, dass man vor ihr Angst haben musste? In Sielow wurde gar erzählt, die Sichel wäre auf ihrem Kopf festgewachsen. Manchmal trug die Pschesponiza noch Kornähren im Arm. Diese sammelte die oberschlesische Pschiponza mit der rechten Hand in einer Schürze, die sie dortzulande trug und die sie mit der linken Hand aufhielt, während die Sichel an der Stange auf ihrer Schulter lehnte. In der Lausitz kam sie sehr oft auf den Lein- oder Flachsfeldern zum Einsatz, weswegen sie bei uns manchmal eine Schwiete (Bündel/Knäul) Flachs im Arm hielt.

In dieser Erscheinung und Gewandung und mit der Sichel bewaffnet erscheint die Sagenfigur, wie ihr Name es schon verkündet, zur Mittagszeit; sie ist ein *daemonium meridianum* – ein Mittagsdämon oder ein mittägliches Schreckgespenst, eine Mittagschleiche, Mittagsscheuche. Manche sehen in ihr das Relikt einer mit dem aufkommenden Christentum untergegangenen slawischen Mittagsgöttin oder Feldgöttin. Ihren Auftritt hat sie im Sommer in der Erntezeit, an heißen Tagen in der sengenden Mittagshitze, wenn der Himmel wolkenlos glüht. In dieser Zeit unterbrachen die slawischen Landleute, ihre Frauen und Helfer gewöhnlich die schwere Feldarbeit und gingen heim zur Mittagsruhe. Und genau darüber wachte die Mittagsfrau. Sie duldete auf den

Feldern keinen Menschen zur Mittagszeit und suchte stets nach Leuten, die trotz Hitze ihre Arbeit fortsetzten und auf dem Felde blieben, um sie zu belehren und, den anderen zu Mahnung, mit Tod oder Krankheit zu bestrafen. Auch mochte sie die mittags im Freien schlafende Landleute nicht, insbesondere, so behaupten einige Zeugen, wenn es sich um Frauen handelte.

Warum die Mittagsfrau vorwiegend Frauen anging, welche es versäumt hatten, mittags von der Feldarbeit zu lassen und nach Hause zu gehen, Männer dagegen weniger belästigen sollte, erklären Informanten damit, dass sie selbst „ein Weibsen" sei. Vielleicht aber sahen sich gerade die Frauen gezwungen, länger auf den Feldern zu arbeiten, weil sie dort auch generell die meiste Handarbeit, wie das Jäten oder Wieten von Unkraut zu leisten hatten.

Schweifte die Mittagsfrau gewöhnlich über die Felder, begegnete man ihr aber auch in der Heide, sah sie auf dem Babina Gora, dem Weiberberg in Schleife oder zeigte sie sich in Branitz in der Sakasnja. In Eichow erzählte man, dass die Pschesponiza im Wald wohne und nur in ihren Scheechstunden auf die Felder komme. An der Neiße bei Muskau kam sie manchmal von Ost nach West durch den Fluß, setzte sich dann in den Schatten der Bäume, kämmte ihr Haar und sang ein trauriges Lied. Vielleicht träumte sie davon, nicht mehr Mittagsfrau sondern Neiße-Lorelei zu sein.

Darüber, wann diese Mittagszeit, in der sie umgeht, anbricht und endet, gibt es in den Erzählungen der Leute über unser Gespenst sehr unterschiedliche Auffassungen: Die einen, in Brahmow zum Beispiel, begegneten ihr zwischen elf und zwölf Uhr. Schlug die Werbener Kirchglocke zwölf Uhr war der Spuk ausgestanden, dann musste die Pschesponiza weg. An anderer Stelle trat sie immer nur Punkt zwölf auf, bei der nächsten nahm sie sich Zeit bis 13 Uhr, bei der übernächsten dehnte sie ihre Verweildauer sogar bis 14 Uhr, manchmal bis drei Uhr nachmittags aus.

War der Himmel bewölkt, das Wetter trüb oder ein Gewitter zog gar herauf, hatten man keine Eile, die Feldarbeit zu verlassen, solange es das Wetter zuließ. Vor der Mittagsfrau musste man an solchen Tagen keine Furcht haben, denn sie kam dann in aller Regel nicht.

Die Mittagsfrau brachte Krankheit und Tod

Oft aber brannte die Sonne im Sommer vom Himmel. Wagte es trotzdem jemand, in der heißen Mittagszeit beim Futter holen den letzten Schwat Gras noch schnell zusammen zu harken oder mitten in der Ernte die letzte Ecke Getreide noch zu mähen, anschließend gleich zu binden und in Puppen und Mandeln aufzustellen oder nur noch den kleinen Rest Unkraut auf einem Flachs-, Rüben- oder Kohlbeet zu jäten, lief er oder sie Gefahr, dass die Mittagsfrau plötzlich mit der Sichel drohend vor ihm stand.

Sie kam immer unerwartet und als böse Überraschung, denn wen die Pschesponiza arbeitend oder auf dem Feld ruhend in der verbotenen Stunde antraf, den tötete sie meist. Dann trat sie vor die Menschen hin und sagt: „Sichel und Hals!“ und schlug ihnen gewöhnlicher Weise mit der Sichel von hinten den Kopf vom Halse. Einmal soll sie statt der Sichel ein Messer als Mordwerkzeug benutzt haben. In anderer Gegend wieder wird erzählt, dass sie die Menschen erstickt oder die Sichel ins Herz stößt. Auch soll die Mittagsfrau ihre Opfer in Brahmow zum Beispiel aufgefressen haben. Einmal sind drei Frauen, die über Mittag auf dem Feld gearbeitet haben, völlig

Die Mittagsfrau hatte es besonders auf Frauen und Kinder abgesehen

verschwunden, lediglich einige Lappen ihrer Kleidung fanden die nach ihnen Suchenden. In Drebkau wurde erzählt, dass die Mittagsfrau diejenigen Leute zerreiße, welche sie mittags auf dem Felde antrifft.

Ein anderes Mal hatte sie ihre Sichel wohl vergessen. Als nun die Pschesponiza eine Bäuerin am Mittag auf dem Feld antraf, lief diese mit ihrem Kinde, das am Feldrand gespielt hatte, voller Angst davon, um sich vor der Mittagsfrau zu Hause zu verstecken. Doch schaffte sie nur wenige Schritte, bis das Gespenst sie einholte und beiden den Hals umdrehte.

Ist die Pschesponiza gnädiger gestimmt, wird den Frevlern nur der Verstand verwirrt, dem Opfern die Erinnerungen gestohlen oder seine Glieder von ihr gelähmt. Die Betroffenen sterben manchmal Tage oder Monate später oder sind lebenslang vom Siechtum gekennzeichnet.

Die Mittagsfrau als Wissensprüferin

Gelehrte Sagenkundler bezeichnen die Mittagsfrau gern als wendische Spinx und weisen auf ihren Doppelcharakter hin, den sie aus ihrer früheren göttlichen Existenz ableiten. Zum einen bringt sie den Tod. Wenn man ihr zu nahe kommt und zum anderen fördert sie Weisheit und Können. Deshalb stellt die Mittagsfrau den zur Mittagszeit angetroffenen Feldarbeitern und Unkrautjäterinnen unter Drohung des Sicheltodes sehr oft Fragen, examiniert sie geradezu und hört gern gute Geschichten.

Diese zwiespältige Doppelnatur zeigte sich in nachfolgender Begebenheit aus der Oberlausitz besonders:

So traf sie eines Tages in der heißen Mittagsstunde ein im Grase liegendes, schlafendes Bauernmädchen an. Ihr versprochener Bräutigam war bei ihr. Doch jener hatte sein Interesse an der Verlobten verloren, weil er sich in eine andere verliebt hatte. Nun dachte er unentwegt darüber nach, wie er sie unkompliziert wieder loswerden könne. Da stand plötzlich die Mittagsfrau vor ihm.

Die Mittagsfrau als Spinx

Sie drohte mit der Sichel und forderte den jungen Mann auf, ihre Fragen zu beantworten. Nach jeder seiner Antworten, kam stets eine neue Frage. Als die Mittagsfrau wieder verschwand, da die Glocke vom Kirchturm ein Uhr schlug, stand das Herz des Jungen still. Die Mittagsfrau hatte ihn zu Tode gefragt. Dann wachte das Mädchen aus ihrem Schlaf auf und beweinte bitterlich viele Tage lang der Tod des Geliebten. Vor Kummer starb sie schließlich selbst und wurde neben ihm, der sie nicht verdient hatte, bestattet.

In einer anderen Variante derselben Geschichte bemerkte das Mädchen auf einem Spaziergang, dass der Bräutigam sie nicht mehr liebte und kaum noch mit ihr sprach. Statt mit ihr zu schmusen schaute er finster drein. Am Ende ist sie aber nicht gestorben und hat sich bald mit einem andern getröstet.

In einer anderen Gegend gab es einen sehr steinigen Flecken Land. Der lag deshalb schon hundert Jahre unbeackert und wüst. Der größte Stein, mannshoch, war geformt wie ein menschliches Wesen. Die Leute der Gegend sprachen davon, dass es mal eine Zeit ohne diese Steine gegeben habe: Damals vor den hundert Jahren sei die versteinerte Schafherde samt ihrem Hirten dort erst geworden. Und das kam so: Ein junger Schäfer trieb seine gute Herde gern auf

Die versteinerte Schafherde

diese früher üppig grünende Stelle. Die am Feldrand stehende alte Eiche bot einen schattigen Ruheplatz. Während seine Schafe sich am frischen Gras und Kraut gütlich taten oder sich in der Mittagssonne ausruhten, konnte der Schäfer dort seinen jungen Träumen nachhängen. Die Luft flirte in der Mittagshitze, bleierne Ruhe lag über dem Land, als eines bestimmten Tages plötzlich die Mittagsfrau vor den Schäfer trat.

Wie es ihre Art war, befragte sie den Hirten, wie es um seine Schafe stünde, welchen Nutzen sie hätten und anderes über die Schäferei. Der Schäfer erzählte alles, was er aus der geringen Erfahrung seines erst kurzen Schäferdaseins wusste. Um die Zeit zu überbrücken sprach er sehr langsam. Doch noch langsamer bewegte sich die Sonne und somit die Zeit. Als dem Hirten der Stoff für den weiteren Vortrag schon nach einer knappen halben Stunde ausgegangen war und er sich nichts neues mehr erdenken konnte, blickte er angstvoll auf die Mittagsfrau, die je länger er schwieg, immer ärgerlicher wurde. Nie mehr kehrte der junge Schäfer mit seine Herde nach Hause zurück. Als man ihn suchte, fand man auf der Flur die Steine.

Die Mittagsfrau kann besiegt werden

Doch liegt in dieser Fragerei der Mittagsfrau auch eine Chance, ungemordet davonzukommen. Kluge Frauen schafften es immer wieder, mit einer guten Geschichte die Mittagszeit zu überstehen. Weil hier der vermeintlich Schwächere siegte, war diese Mittagsfrau-Sage sehr beliebt bei den Erzählern und es gibt sie in vielen Varianten. Und war die Mittagsfrau einmal besiegt, scheechte sie nie wieder auf dieser Feldflur.

Eine arme Witwe, die von Not und Nahrungssorge gebeugt war und einsam auf ihrem Flachsbeet Unkraut jätete, schaffte es, die Mittagsfrau eine Stunde lang zu unterhalten, in dem sie von ihrem traurigen Los erzählte und mit ergreifenden Worten ihre Armut schilderte, welche sie zwang, auch mittags das Flachsbeet zu jäten. Dann berichtete sie, wie viel Arbeit der Flachs macht, von der Ackerbereitung für die Aussaat bis hin zum Spinnen der Flachsfasern und dem Weben des Garns zur Leinwand. Über die Erzählung war die Mittagsstunde vergangen und die Witwe kam mit dem Leben davon.

Einst wagte eine Frau aus Dissen, in der Mittagszeit ruhig weiter zu arbeiten. Sie war auf ihrem eigenen, persönlichen Flachsbeet beim Wieten (Jäten) und hatte in anderen Stunden kaum Zeit dafür übrig. Da auf einmal stand eine große, weiß gekleidete Frau neben ihr und entbot ihr freundlich einen *Dobry źeń*, Guten Tag. Die Wieterin dankte, wusste aber sofort, mit wem sie es zu tun hatte. Jedoch ließ sie die Angst um ihr Leben nicht aufkommen. Sie stellte sich mutig dem Examen durch die Mittagsfrau. Man sprach über den Flachs, seine Bearbeitung, seinen Nutzen und seine Verwendung und darüber wusste die Frau genau Bescheid, weil sie bereits über Jahre ihr Flachsbeet bewirtschafte. Sie konnte nicht nur die schwierigen Fragen der Mittagsfrau beantworten sondern erzählte viele beachtenswerte Regel und Tipps nebenher und bemühte sich dabei, langsam zu sprechen. Als sie gerade dabei war, zu erzählen, wie sie den Stoff für das Nähen von Hemden vorbereitete, schlug die Glocke des Dissener Kirchturms ein Uhr. Im selben Moment schrie die Mittagsfrau auf: „Hemden nähen – Das hat dir alles der Teufel gesagt!" – und sie verschwand. Seit damals kann nun in Dissen auch in der Mittagsstunde gearbeitet werden.

Eine Bäuerin aus Dissen bezwingt die Mittagsfrau

So wie die arme Witwe und die Frau aus Dissen oder in ähnlicher Weise errangen auch andere den Sieg über den Mittagsdämon.

Erich Krawc berichtet in den bekannten Sagen der Lausitz, dass ein Mädchen, welches beim Flachsjäten die Mittagsglocke vom Dorf überhörte, mutig der mit der Sichel drohenden Mittagsfrau entgegentrat und ihr zurief: „Ich fürchte mich nicht". Als ihr die Mittagsfrau, erstaunt über diesen Mut, Verschonung anbot, wenn das Mädchen eine Stunde vom Flachs zu erzählen in der Lage ist, antwortete Mädchen keck: „Dann hast Du schon verloren!" Und es siegte tatsächlich. Das Gespenst verschwand und ihre Sichel blieb liegen.

Oft sagte die Mittagsfrau vor ihrem Verschwinden zur Examinierten: „Dir hat der Teufel Verstand gegeben".

Eine Liza aus einem anderen Dorf war da nicht ganz so mutig und flehte um Gnade, als die Mittagsfrau sie beim Flachjäten in der heißen Zeit erwischte. Doch auch Liza schaffte es am Ende, mit dem Flachsvortrag über die Stunde zu kommen, ebenso wie es einem Mädchen aus Saalhausen, einem aus Merzdorf im Schraden und einer jungen Frau in Boblitz gelang. Vor der Boblitzerin outete sich gar die Mittagsfrau als von einer Verwünschung nun erlöst und sagte: „Nun bin ich frei und du bist auch frei; doch andermal getrau dir das nicht wieder."

Paul Fahlisch bringt in seiner Lübbenauer Stadtgeschichte das nebenstehende Gedicht eines Berliner Amsgerichtsrat namens M. Bielau über die Mittagsfrau, in dem jene Variante verwendet wurde, in der eine hartherzige und hochmütige Frevlerin – hier ist es sogar eine Königstochter – durch Verwünschung zum Mittagsgespenst wurde.

Andere versuchten nur durch langsames Reden und mit häufigen Wiederholungen über die Zeit zu kommen. Brozyna aus Trebendorf sagte wohl hundert Mal: *To tak a to tak, moja Śota* (das ist so und das ist so, meine Muhme) – so verging die Stunde.

Psespolniza

Es sind wohl tausend Jahre,
da lebte ein Königskind.
Die schwarzgelockten Haare
flatterten wild im Wind.

So flatterten auch die Sinne
in herzlos wachem Begehr.
Es spottete reiner Minne;
es blieb das Herz ihm leer.

Da kam zur Mittagsstunde
ein elendig Weib zu Gast
und flehte an mit zitterndem Munde
um Labe und Lager zur Rast.

Vergebens blieb alles Flehen.
Da lachte das Weib vor Groll:
„Heut hast Du Frau Sorge gesehen,
die fordert sich ihren Zoll!"

Und fast zur selbigen Stunde
zog's drohend zur Feste heran;
und in der schweigenden Runde
starrte von Waffen der Tann.

Nun irrt die Stolze voll Trauern
als Sorgenbringer durchs Land
und ward von den Leuten mit Schauern
die Psespolniza genannt –

Und wer ihr mit tauben Herzen
begegnet zur Mittagszeit
dem löscht sie des Lebens Kerzen
in bitterer Grausamkeit.

Doch wer bei Not und Entsagen
ein liebendes Herz nennt sein,
braucht nicht vor der Argen zu zagen,
wird Psespolniza befrein! –

Im Fazit: Sicherstes Mittel gegen die Mordabsichten der Mittagsfrau ist immer noch die Klugheit gepaart mit einer guten Portion Gewandtheit in der Rede und selbstbewusster Mitteilsamkeit.

Das eine oder andere Mal wurde die Erzählerin sogar von der Mittagsfrau fürstlich belohnt, wenn das Gespenst sich prächtig unterhalten fühlte. Als es endlich eins vom Kirchturm schlug, nahm eine gewitzte Erzählerin aus Ströbitz ihre Schürze angefüllt mit schierem Gold mit nach Haus.

Nach Peukert sagte die Mittagsfrau vor Zeiten einer Flachsjäterin in Ilmersdorf bei Drebkau, nachdem diese von der Erzählung der Frau in ihrer Scheechzeit angetan war, vor dem Verschwinden: „Merkt euch den Flecken".Am andern Morgen sah man statt des Flachsbeetes an der gleichen Stelle einen kahlen Lehmfleck. Mehrere Hundert Jahre sollten nun die Ilmersdorfer dort Lehm graben können. Eines Tages entdeckten sie aber in der Lehmgrube einen runden leeren Raum mit mehreren kleinen Näpfchen und Tellern, einem Backfass aus Stein und drei Luttchenskelette. Und der damals verschwundene Flachs lag auch noch darinnen.

Mittel gegen die Kraft der Mittagsfrau

Es soll aber auch noch andere Mittel und Kniffe geben, um einer Begegnung mit unserem Gespenst lebend zu entkommen.

Schwer erklärlich ist es aber, dass die Mittagsfrau befriedet und man selbst gerettet sei, wenn man das christliche „Vaterunser"-Gebet ohne zu stocken oder zu stottern rückwärts aufzusagen in der Lage war. Aber wer konnte das schon! Und was hatte die Mittagsfrau davon?

In Schmogrow meinte man, dass man sich durch schnelle Flucht vor der Mittagsfrau retten könne, denn diese stoße, sobald sie jemand im Felde erblickt, einen Warnruf aus, den aber anderswo noch niemand vernommen hatte. War das Gespenst den Schmogrowern besonders zugetan?

Manche schwören darauf, in der Mittagsstunde Feuer auf dem Felde zu unterhalten, welches das Gespenst verscheuchen würde. Das dürfte im trockenen heißen Sommern die Gefahr des Funkenschlages ins eigene Getreide mit sich bringen.

Da hilft eher, daheim Kräuter zu kochen und den Sud mit auf das Feld zu nehmen, oder sich selbst damit einzureiben; dann könne die Mittagsfrau einem nichts anhaben, wenn man mittags auf dem Feld arbeite. Jakob Grimm (mit Bezug auf den Nix) und in seiner Folge Wilibald von Schulenburg empfehlen Dost (Oregano) und Dorant (Andorn) zu diesem Zwecke. Weißer Dorant galt den Alten schon immer als Schutzmittel gegen Teufel und Geister.

Klägliche Umstände zwangen einmal eine Kleinbäuerin, in der Mittagsstunde Kartoffeln zu hacken. Ihr Kleinkind ließ sie am Feldrand spielen. Aber da die kluge Frau von der Gefahr wusste, die ihr durch die Mittagsfrau drohen könnte, hatte sie sich Abwehrkräuter in den Schürzenlatz gesteckt. Prompt erschien Schlag zwölf das Gespenst mit der todbringenden Sichel in der Hand. Doch die Kräuter der Frau machte es machtlos und es rief wütend: „Du könntest keine Kartoffel mehr essen, wenn Du nicht Dorant und Dost bei dir hättest“. Die Mittagsfrau ging wieder unverrichteter Dinge; die erschrockene Bäuerin aber rannte mit dem Kind schnell nach Hause.

In Schleife ließ man einige Getreidehalme von der Ernte auf dem Felde für die Mittagsfrau am Rande stehen – und hoffte darauf, sie dadurch gnädig stimmen zu können.

In Guhrow kam einmal die Mittagsfrau zu einem Maurer. Gerade wollte er in die Mittagspause gehen, wusste er doch kühlgestelltes Bier in der Regentonne – doch entschloss er sich, einen Augenblick zu spät dazu. Und wie sie so ist, die Mittagsfrau, wollte sie ihm ihre

„Du könntest keine Kartoffel mehr essen, wenn Du nicht Dorant und Dost bei dir hättest.“

vielen Fragen vorlegen, die er beantworten sollte.

Aber der Maurer war keiner, der gern redete, dachte an das kühle Bier und sann nach einem Ausweg. So tat er, als müsse er nur noch schnell ein Loch in die Holzwand bohren. Flugs war er damit fertigt. Nun sagte er zur Mittagsfrau, dass durch die Bohrung das Loch ganz heiß geworden sei und sie könne ruhig mal den Finger darein legen, wenn sie ihm nicht glaube. Die Mittagsfrau dachte, dass dies zu seiner Geschichte gehöre, und sie war neugierig, weshalb sie wirklich in das Loch fasste. Darauf hat der schlaue Maurer nur gewartet. Er ergriff flink den Maurerhammer und einen Nagel und nagelte den Finger der Mittagsfrau im Loch fest. Dann lief er eilig davon. Nach der Mittagspause fand der Maurer im Loche nur noch einen abgebrochenen Finger. Wenn jemand also einer Mittagsfrau begegnen sollte, die ohne Zeigefinger an einer Hand erscheint, wird es wohl jene sein, die damals in Guhrow scheechte.

Die Mittagsfrau als Schutzgeist

In Beeskow hält man den Johannistag für eine durch die Mittagsfrau besonders geheiligte Zeit. Den Tag traut sich in der Mittagsstunde kein Beeskower Bauer auf das Feld, sonst wachsen ihm im ganzen Jahr weder Korn, noch Flachs oder Kraut und Rüben, noch Futter für das Vieh.

Der Bauer Leido in Schleife fing wegen der Hitze der Hundstage sehr früh an zu arbeiten. Schon beim ersten Sonnenlicht war er mit Pferd und Ackerwagen auf die Wiese gefahren, um Grasfutter für seine Kühe heim zu holen. Bis Mittag riss die Arbeit nicht ab. Doch dann wurde er müde. Er spannte das Pferd aus und ließ es am Teichrand grasen. Er selbst gönnte sich ein Nickerchen unterm schattigen Apfelbaum. Als er wieder erwachte, war sein Pferd tot. Die Přezpoldnica, wie man die Mittagsfrau dort nannte, hatte seinem Tier in der Zwischenzeit den Kopf abgefressen. Dabei hatte er, wie wir wissen, noch Glück, nicht selbst den Kopf verloren zu haben.

Hatten wir es bisher mit der Mittagsfrau als Feldgeist zu tun, der über die Einhaltung der Mittagspause wacht, werden ihr auch noch andere manchmal freundliche und manchmal auch grausige, abscheuliche Taten zugeschrieben.

Im Sommer trat sie oftmals auch als Schutzgeist der Landarbeiter und als Schreckgespenst für diejenigen auf, die ihrem Gesinde auch in der allergrößten Mittagshitze aus Geiz, Gewinnsucht oder Hartherzigkeit keine Ruhe erlauben wollten. Ein Gutsherr hatte in der Heide wieder einmal seine Schnitter gezwungen, in der Mittagshitze durchzuarbeiten, obwohl diese protestierten und ihn an die Mittagsfrau erinnerten. Der lachte nur und beschimpfte sie als abergläubische Faulenzer. Das konnte die Mittagsfrau nicht durchgehen lassen und schickte ihn mit ihrer Sichel in den Tod.

In früherer Zeit kam die Mittagsfrau bei Muskau als ein großes, anmutiges Wesen zur heißesten Tageszeit zu den Schnittern, um diese mit ihrem verlockenden Anblick an der ihnen anbefohlenen Arbeit zu hindern. Sie verwickelte die Leute im Schatten der Bäume in eine Unterhaltung über Saat, Mahd und Drusch, worauf die Schnitter gern eingingen. Murrend sah es der Aufseher der Leute. Doch traute jener sich nicht einzugreifen, eingedenk des Schicksals seines Kollegen. Diesem anderen Aufseher hatte die Mittagsfrau, als er die Schnitter mit der Peitsche an die Arbeit treiben wollte, kurzer Hand den Hals umgedreht.

Da durch das Treiben der Mittagsfrau während der Erntezeit in der Mittagsstunde die Felder der Bauern in der Regel verwaist waren, haben oftmals Korndiebe versucht, sich diesen Um-

Die Mittagsfrau sorgte für die Mittagspause der Schnitter

stand zu Nutze zu machen. Doch sorgt, wie es in dem Falle auch ihre gerechte Pflicht war, die Mittagsfrau dafür, dass solch Diebstahlsversuch noch niemals gelang.

Stets wachte sie über die Felder und schnitt den Dieben mit der Sichel den Kopf ab, weswegen sie von manchem auch als die Beschützerin der Felder bezeichnet wurde. Die Köpfe der Diebe steckt sie anschließend in ein Täschchen, das sie manchmal bei sich trug. Andere sagen, dass es eher ein Fässchen oder ein Sack sei, welche sie zu diesem Zwecke nutzte, wieder anderer sprachen von einer Kiepe.

Wohin sie aber die eingesammelten Köpfe trug oder was sie mit ihnen gemacht hat, ist noch nie erkundet worden.

Die Mittagsfrau als Kinderschreck und Mahnung an die Wöchnerin – Kindervertauschung und Wechselbälger

Vielfach wird auch behauptet, die Mittagsfrau würde in solchen Behältnissen Köpfe von Kindern transportiere, und zwar von jenen Kindern, die aus Langerweile oder Gedankenlosigkeit oder beim Kornblumen sammeln das Korn niedergetreten haben. Denen schnitt sie nach ihrer Art die Köpfe ab, behauptete man in Ströbitz, und sie tue diese Köpfchen dann in ein Fässchen.

In den Feldfluren der Dörfer um Drebkau soll die Mittagsfrau generell alle Kinder getötet haben, die sie auf den Feldern antraf. Oft nahmen deshalb die Bauern fremde Kinder mit auf ihren Acker, damit es die fremden und nicht die eigenen träfe. Doch wenn das stimmen würde, müssten sich diese Dörfer dann nicht schon längst entvölkert haben?

Auch scheint die Mittagsfrau hier mit einer ihrer Schwestern oder Cousinen verwechselt zu werden, der Roggenmuhme oder der Anna Zubata zum Beispiel, über die nachher berichtet werden wird.

Einig sind sich einige Sagenerzähler in Tschechien und in der Sorabia, dass unser Gespenst den Wöchnerinnen und ihren Kindern gefährlich werden könne. Eine Wöchnerin sollte um die Mittagszeit das Haus und ihren Säugling nicht verlassen, da sonst das Kind von der Mittgasfrau geholt werden würde. So sei in Burg im Spreewald eine Wöchnerin am zweiten Tage nach der Entbindung aus dem Haus gegangen, da sei ihr die „Weiße Frau" erschienen. Steffen und Gebler haben diese als unsere Mittagsfrau identifiziert.

Aber auch in Neustadt oder in Mühlrose warnte man eine Wöchnerin, die Wochen richtig einzuhalten, weil sonst die Mittagsfrau käme, die dort ćipołdnica hieß, und die darüber wachte, dass die Wöchnerinnen die Regeln beachteten.

Nüchternere Menschen sehen in dieser Sage eher die Warnung vor dem Kindbettfieber, das vor 150 Jahren noch vielen jungen Frauen den Tod brachte. Und jene sehen den Sinn der anderen Sagen von der Mittagsfrau ebenso in der Warnung vor Hitzschlag oder dem Sonnenstich auf dem Feld.

Ab hier wird es in dem Sagenumfeld der Mittagsfrau mitunter recht konfus, unübersichtlich und wenig eindeutig. Manches wird der Mittagsfrau zugeschrieben, was man auch anderen Figuren unterstellt.

So zum Beispiel die Geschichte mit den Wechselbälgern, die der Mutter eines Säuglings untergeschoben, das heißt mit dem wohlgebauten, gesunden eigene Kind vertauscht wurden. Wechselbälger zeichneten sich durch ungebührliches Benehmen, fortwährendes Geschrei, hässliche Gestalt, unnormale Körpergliederung, Buckel, Wachstumshemmungen und ähnliches aus. Davor warnt man Wöchnerinnen und junge Mütter, die ihr Kind mit auf das Feld nahmen und am Feldrain ablegten. Wenn das Baby im Wagen oder in der Wiege liege und es unbeobachtet bliebe, käme mittags die Mittagsfrau, stielt es und legt dafür den Wechselbalg hinein. Einer Bauersfrau ist das passiert. Der Wechselbalg hat eine ganze Stunde lang am Feldrand gelegen und geschrien. Die Frau konnte von ihrer Arbeit nicht weg, hatte aber den Diebstahl auch bemerkt. Deshalb ist sie trotz des nervigen Geschreis nicht zu dem Kind hingegangen. So musste am Ende der Mittagsstunde die Mittagsfrau das rechte Kind wiederbringen.

Peukert erzählt die gleiche Geschichte von einem Buschweib, das ein Baby vertauscht hatte und die Mutter konnte das schreiende Kind nicht beruhigen, da der Aufseher der Feldarbeiten es ihr streng verboten hatte. Doch auch das Buschweib machte den Tausch wieder rückgängig, als es sah, dass es keinen Erfolg damit hatte.

In anderen Sagen sind es Muhmen, oder Teufel oder der Wendenkönig, welche die Kinder vertauschen oder stehlen, letzterer um gute Nachkommen in seinem Reich zu haben. Manche Erzähler bezichtigen gar die kleinen Lutki, die Kobolde oder den Nix mit dem Wechselbalg-Geschäft.

Sagenforscher sprechen, die Mittagsfrau betreffend, von gemeinsamen Merkmalen mit den südslawischen „Vilen“, welche ebenso gern brave Kinder mit Wechselbälgern vertauschen sollen.

Die Namen der Mittagsfrau

Bevor wir uns nun dem ganzen Clan der Sichler und ausländischen Verwandten, die hier und da schon einmal angesprochen wurden, zuwenden, wollen wir die vielen verschiedenen Namen unserer Mittagsfrau beleuchten.

Wird in diesem Text meist die deutsche Bezeichnung Mittagsfrau für unser Gespenst gebraucht, liegt es zum einen daran, dass ich leider weder der obersorbischen noch der niedersorbischen/wendischen Sprache mächtig bin. Zum anderen jedoch, weil durch die Vielfalt der auftretenden Schreibungen und Benennung in den westslawischen Sprachen und wegen der Entwicklung in der Buchstabenschreibung eine ganze Liste von Namen mit kleineren oder größeren Abweichungen entstanden ist, die wohl nur ein Sorabist entwirren könnte. Dennoch handelt es sich in (hoffentlich) allen Fällen um unsere Mittagsfrau, die auch in der deutschen Sprache in mehreren Varianten gebraucht wurde:

Grau nennt in seiner Dissertation: *Mittagsgespenst, Mittagsteufel, Mittagsdämon, Mittägige, Mittagsweib*, bei Willibald von Schulenburg und anderen finden wir zusätzlich die *Mittagsscheuche, die Mittagsschleiche*, und ebenfalls die *Mittägige*.

Als wendische Bezeichnung benutzte Schulenburg verschiedene Schreibungen: *Pśezpołdnica, Pschespolnicza, Pschesponiza* und *Pschespolniza*, letztere auf seiner berühmten Sagenkarte von Burg, *Přezponiza* (Drachhausen), *Přezponica* (Brahmow), *Pšezpolnica, ćipołdnica* (in Mühlrose-Neustadt), *pśelponica, pšzpolicka* (Missen) und schließlich *pšepolnica*.

Das sorbische Kulturlexikon gibt wohl die gegenwärtig gebräuchlichste, vom sorbischen Institut anerkannte Schreibung wieder. Unter dem Stichwort Mittagsfrau finden wir *Připoł(d)nica* als obersorbische Form und *Pśespołnica, Pśezpołdnica* im niedersorbischen, beide abgeleitet von „połdnjo“, was Mittag bedeuten soll.

Gebler und Steffen verwenden in den Heften „Sagenhaftes Burg“ die Schreibung: *Pschesponica*. Haupt und Smoler ließen 1843 noch *pšipołnica, Připołnica* [os], *Přezpołnica* [ns] drucken. Im Sagenbuch verwendet Haupt *Připolniza*.

Preusker schreibt: *Psschespolniza* und leiten ab von pssches = hierdurch und polnico = Mittag. Stieber, der Sammler sächsischer Sagen, verwendet *Přezpołdnica*. Ewald Müller schreibt *Pschespoldniza*, und meint, dass die Leute im Spreewald die Mittagsfrau so nannten.

Andere Bezeichnungen treten bei einigen Autoren auf, die vom bisherigen wesentlicher abweichen: Pschipownica, serpownica, serpašyja. In schlesischen Sagen tritt die *Pschipolniza* in der niederschlesichen Oberlausitz und

Pschiponza in Oberschlesien auf.

Auch bei anderen slawischen Völkern finden wir Bezeichnungen für die Mittgasfrau, so unter anderem die *Polodnica*, in Tschechien *Polednice* (sogar als sinfonische Dichtung von Dvořak), in Polen: *Południca, Poludnica* oder *Pscipolnitsa*, bei den Nordrussen und Bulgaren ist es die полудница (*Poludnitza*). In Tschechien spricht man auch von der *Baba* und im russischen Archangelsk von einer *Rugia Boba* – aber vielleicht ist dies eher die Entsprechung für Roggenmuhme. In Sibirien tritt sie als mystische alte Frau mit struppigen Haaren und in Lumpen gekleidet auf, die in den Brennesseln wohnt und nach „bösen Kindern" Ausschau hält. Wissenschaftler stellen Beziehungen zur russischen Hexe баба яга (*Baba Jaga*)und zur den südslawischen *Vilen* her. Im englischen, wo die Mittagsfrau eigentlich gar nicht vorkommt, verwendet man für Übersetzungen die Lady Midday.

Alte Schriftzeugnisse

Die Herkunft der Mittagsfrau geht sehr weit in die Geschichte zurück. Das erste schriftliche Zeugnis stammt von einem Mönch in Böhmen während des 13. Jahrhunderts. Wecehrad, so hieß er, übersetzte antike lateinische Texte. In einer Glosse[1] traten Baumnymphen auf – *driades deae silvarum* – und er übersetzte im vollen Bewußtsein des zeitgenössischen Volksempfindens mit *południce*, was Mittagsfrau bedeutet. Damals hatte die Mittagsfrau ihren Wirkungsschwerpunkt wohl vor allem im Wald, wie die *Dźiwannia*, und wanderte erst später über die Felder.

Ebenso in einem zweiten alten Schriftstück. Auch diesmal handelt es sich um eine Glosse zu einem lateinischen Text, für die ein polnisches Wort für „Buhlerin" gesucht wurde und die man in den polnischen Worten: *prepołuthnycza* und *przypołudnyca* – beide bedeuten Mittagsfrau – fand. Hier sehen Experten eine Beziehung der Mittagsfrau zur Erotik gegeben, da im Volksglauben die Waldmenschen, die Satyrn als besonders lüstern und sexorientiert galten. Noch in den ältesten Wörterbüchern Böhmens von 1400 und 1558 setzte man *poludnice* mit *Satyrus* gleich.

Später verloren sich bei der Mittagsfrau das erotische Element und ihr Dasein als Waldwesen, allerdings auch wiederum nicht ganz vollständig, wenn man an die Müschner *Serpolnica* denkt, die feschen Kerlen auflauerte oder jene im Wald lebende Eichower Mittagsfrau oder die später noch zu behandelnden *Anna* und *Maria nad penku*.

Pastor Oderborn in Pommern

1 Erklärung, Kommentar einer komplizierten Textstelle

schrieb 1581 einen Bericht über eine Russlandreise und erzählt darin, dass die Ostslawen auch die Mittagsfrau kennen, jedoch nur im Norden – die Nordrussen –, den Südrussen, Weißrussen und Ukrainern war sie unbekannt. Die Wissenschaft rätselt noch heute, warum die einen sie kennen und die anderen nicht.

Oderborn schilderte das Wirken der russischen Mittagsfrau. Sie war eine Gefahr bringende Erscheinung in der freien Natur zur heißen Zeit. Sie war ein Erntedämon und ihr Gefilde war die bäuerliche Lebenswelt. Die Menschen müssen sich vor ihr niederwerfen, sonst bricht das Gespenst ihnen meistens die Beine. Zur Heilung soll man danach die Rinde eines mit dem Gespenst verbundenen Baumes auflegen. Der Baum wachse meist in der Nähe der Stelle, wo sie auftritt.

Vor der *Południca* niederknien sollten man auch in Ostpreußen, wie ein dortiger Landwirt 1906 erzählte. Wer es nicht tat, an dessen Händen und Füßen öffneten sich schreckliche Wunden. Jedoch auch hier half das Auflegen von Baumrinde, und zwar die der Erle.

Die tschechische *Polednice* fährt im sommerlichen Blütenstaubwirbel des Kornes umher und sie geht mittags wie eine trauernde Witwe durch die reifen Kornfelder. Angetroffene Erntearbeiter sollten sich auf die Erde werfen, da sie sonst ihnen erst Arme und Beine abbricht und dann den Hals umdreht. Bei den Tschechen wird sie auch *Baba* genannt, und die russische *Baba Jaga* ist eine enge Verwandte.

Über den Wirbelwind, der die *Polednice* trägt, dem *Wichor*, ist unsere Mittagsfrau mit den *Vilen* (Einzahl: Vila – was selten vorkommt) verwandt. Meist sind sie holde weibliche Wesen mit langen blonden Haare und auch wieder im weißen Kleide, manchmal ist es auch durchsichtig. Sie kommen durch die Luft geflogen, reiten gern auf Pferd oder Hirsch, tanzen am liebsten den Reigen und suchen die Liebe schöner kräftiger Männern, denen sie im Kampf gegen ihre Feinde zur Seite stehen. Die *Vilen* kennen alle helfenden Kräuter, sind daher heilkundig, und sind mit übernatürlichen Fähigkeiten begabt. Sie sind Helferinnen in Liebesdingen.

In der Regel sind die *Vilen* dem Menschen wohl gesonnen und tuen ihnen selten etwas zu leide. Doch wer vor das Haus geht und sie ruft, wird steif, verfällt dem Siechtum und stirbt. Oder wer sie beleidigt, enttäuscht, ihre Anweisungen nicht befolgt oder ihren Reigen stört, der verliert seinen Verstand oder ihn trifft der Schlag. Manchmal stechen ihm die dann grausamen, rachsüchtigen *Vilen* die Augen aus, oder zerreißen ihn.

Wowka bei den Mittagsfrauen

Die Verwandten der Mittagsfrau, ihre Schwestern und Cousinen, ihre Tanten und Onkel, auch Brüder und Cousins sind im In- und Ausland sehr zahlreich und kaum jemand kann die Enge der Verwandtschaft zur Mittagsfrau genau bestimmen. Doch eine Zeugin haben wir: die fromme Großmutter Wowka (was eigentlich doppeltgemoppelt ist, da Wowka wohl obersorbisch Großmütterchen bedeutet). Also, unsere Wowka aus der Oberlausitz begegnete in jungen Jahren einmal einer freundlichen *Dźiwica*, eine von den Schwestern der *Připołnica*.

Es war um den Johannistag herum, und unsere fromme Wowka kam aus der Kirche. An einer Stelle sah sie über einer Wiese ein helles Lichtlein. Wie von funkelnden Talern zeigte sich dieser Schein. Ängstlich umschloss die Hand der katholischen Wowka das

Treffen der Mittagsfrauen am glühenden Grenzstein bei Babow

Kreuzchen am Rosenkranz, aber gleichzeitig auch neugierig strebte sie auf das Licht zu. Doch das Flämmchen entfernte sich jedes Mal, wenn sie ihm näher kam. Es führte so die Wowka über eine weite Strecke bis an einen hohen Felsen des Lausitzer Gebirges. Oder war es am Koschenberg bei Senftenberg? Der Felsen öffnete sich plötzlich vor ihr. Eine wunderschöne Jungfrau trat heraus, Jagdhunde folgten ihr. Sie hatte schwarzes Haar und in der linken hielt sie eine Schusswaffe. Großmutter erschrak, denn sie erkannte sofort, dass diese die *Dźiwica* sein musste.

Dźiwica

Der Schrecken und die Angst legten sich sofort, als die *Dźiwica* sie ganz freundlich ansprach und sie in das Innere des Felsens einlud, wo gerade ein Fest der Mittagsfrauen im Gange war.

Der Weg zum Fest führte durch Gärten mit goldenen Blumen und silbernen Früchten. Auf einer Wiese tanzten Mädchen – südslawischen *Vilen* – einen Reigen. An langen Tischreihen sah Wowka die Mittagsfrauen sitzen, junge und alte, schöne und grundhässliche, jede mit ihrer blinkenden Sichel. Oder sie tanzten, schöpften köstlichen Wein aus einem Brunnen oder aßen die schönsten Früchte. Hatten sie genug getanzt, getrunken und gegessen, schliefen eine nach der anderen ein.

Auch Wowka wurde müde, trank sie doch sonst gar keinen Wein, den sie sich nicht leisten konnte, und sie schlief ebenso ein. Als sie wieder erwachte befand sie sich an derselben Stelle, von der sie das Lichtlein zuerst gesehen hatte. Seitdem traf sie öfter eine Mittagsfrau, doch nie wurde ihr etwas zuleide getan oder sollte sie auf viele Fragen Antwort geben. Im Gegenteil: Jeden Herbst fand sie an der bewussten Stelle ein frisch gejagtes Rebhuhn oder einen mit dem Pfeil der *Dźiwica* geschossenen Hasen als Geschenk.

Wir, die wir nicht dabei waren, können nur mutmaßen, welche der Gespenster Wowka bei Fest getroffen haben könnte.

Da wäre wohl zuerst die *Dźiwica* – die Wilde – selbst zu nennen, von der wir hier erstmals durch Wowka gehört haben. Und tatsächlich bevorzugt diese die gebirgigen Gegenden und lässt sich selten in der Niederlausitz sehen, doch könnte auch sie von jenen Eichowern gemeint sein, wenn sie von der Mittagsfrau sprechen, die im Wald wohnte. Die *Dźiwica* ist eine schöne junge Waldnymphe, die an die griechische Göttin Diana erinnert. Im den waldigen Gegenden zwischen Polen und Tschechien wird sie *Dźiwannia* genannt. Sie ist die Herrin des Waldes. Vor ihr neigen sich die Bäume, heben sich in den Sümpfen, solange sie dort geht, trockene Gehsteige empor, werden steile Berge niedrig und bequem zu übersteigen sowie tiefe Täler flach zum durchlaufen.

Wenn unsere Mittagsfrau über die Feldfluren geht, streift *Dźiwica* zur gleichen Zeit durch die mittagsheißen Wälder und wird den Leuten dort gefährlich oder verscheucht sie aus dem Wald. Sie wird stets von den schönsten Jagdhunden begleitet und schießt ihre Pfeile immer sicher in das Ziel. Sie hält den Wald sauber von kranken Tieren.

Aber auch dem Menschen kann ihr bloßer Anblick gefährlich werden, meinen manche Zeugen. Wer ihr begegnet, war spätestens am dritten Tag krank und stand nicht mehr auf. Darum sagten die Leute zu jenen, die in der Mittagsstunden in den Wald gehen wollen, dass sie aufpassen mögen, damit im Walde nicht die *Dźiwica* über sie komme.

Jedoch, anders als die Mittagsfrau, streift die *Dźiwica* auch in mondhellen Mitternächten durch den Wald.

Die männlichen Verwandten – Mittagsfrau-Männer

Wowka muss auch einige männliche Verwandte der Mittagsfrau auf dem Fest gesehen haben, denn auch in der Sage gibt einige davon.

Da war zum Beispiel auch *Rübezahl* anwesend. Ja, auch Rübezahl, jener Riese aus Oberschlesien. Der sei eigentlich, so meinen oberschlesische Sagenexperten, ein Feldgeist und duldete niemanden zur Mittagszeit in seinem Gebirge. Doch soll Rübezahl nicht so eng mit der Mittagsfrau verwandt sein wie der *Sichelmann* von Forst, die *Podpołnice* bei Werben, der *Pšezpolnicer* in der Umgebung von Altdöbern oder *Serp/Serbel/Serpel* im Spreewald.

Der *Forster Sichelmann* war ein scheußlicher alter Mann von recht eigentümlicher Gestalt, der in früheren Zeiten in der Gegend um Forst zur Mittagszeit auf den Feldern auftauchte. In seiner mit scharfen Krallen besetzten Pranke führte er die Sichel des Clans. Er suchte seine Opfer mit feurig funkelnden Augen und verfolgte sie auf einem schnellen Pferde- und einem kräftigen Stierbein. Auch er gewährte dem Opfer die Chance, durch richtige Antworten

Der Forster Sichelmann

vor ihnen in Acht nehmen, da sie einem etwas anzutun in der Lage waren. Eine konkrete Befürchtung jedoch, was es sei, macht keine erhaltene Sage namhaft.

In der Altdöbener Gegend redet man von einem weißen Männchen, das *Pšezpolnicer* genannt wird. Dieses Männchen macht hier die Arbeit der Mittagsfrau in punkto Kindertausch. Er geht in der Mittagsstunde um und trifft er auf einen Säugling oder ein Kleinkind am Feldrand, nimmt er es mit und legt dafür ein fremdes hin. Um das eigene Kind zurück zu bekommen, sagt man, solle man das fremde solange ordentlich prügeln bis das richtige wieder an der Stelle liegt. Oder rechtfertigten überforderte Eltern damals lediglich ihre brutalen Erziehungsmethoden mit

auf seine Fragen oder durch eine gute, über seine Zeit gehende Rede, ihm endlich zu entkommen, doch hatte der Delinquent zuvor seinen furchtbaren Anblick zu ertragen. Es gibt keine Sage, wo dies irgend jemandem gelungen wäre. Stand das Opfer diese Tortur nicht durch, schnitt ihm der Sichelmann den Kopf ab, wie es die Mittagsfrau ebenso getan hätte.

Mittägige Feldgeister beherrschten in der Mittagszeit einen Feldplan zwischen Werben und Burg: die *Podpołnice*. Sie sollen von zwergenhafter Gestalt gewesen sein, ähnlich den Lutki. Trotz ihrer Kleinheit sollte man sich in der Tageszeit

Der Serp

der Erzählung über den *Pšezpolnicer*?

Auch der *Serp* durchwandert in dortiger Gegend die Äcker. Dieser schneidet den Leuten, die ihm zu nahe kommen, mit einer glühenden Sichel den Kopf ab, oder auch jenen Bauern, die des Nachbarn Feld in diebischer Absicht abmähen oder lediglich ein schlechtes Gewissen haben.

Trifft er sein Opfer zusammen mit einem Kind, entreißt er es ihm und wirft es in einen Fluss, bevor er dem Erwachsenen die Sichel an die Kehle schwingt. Manchmal, wenn er jemanden trifft, der sich verirrt hat, aber ein gutes Gewissen hat, zeigt der *Serp* dem Tugendhaften den richtigen Weg, hat er aber etwas auf dem Kerbholz, führt er ihn in die Sümpfe, wo ihn der *Bludnik* erstickt.

Zwei Guhrower Knaben gingen um die Mittagszeit mit einem kleinen Fass an einem Kornfelde vorbei. Sie sahen darin Kornblumen blühen, gingen hinein und pflückten sie ab. Plötzlich stand der *Serpel* vor ihnen und legte ihnen Fragen vor. Da sie nicht antworten konnten, schnitt er ihnen den Hals ab. Die Köpfe steckte er in das Fass, das er in seine Kiepe tat und verschwand.

In Ströbitz sagten man den Kindern, wenn sie Lust hatten, in das Korn zu gehen, dass dort ein Mann komme, der in einer Hand eine Sichel, in der andern ein Fässchen trägt, und mit der Sichel den Kindern im Korn den Kopf abschlägt.

Ein Sielower *Serpel* gesellte sich am Mittag gern zu den Frauen, die auf dem Feld arbeiteten und begann unter Drohung mit der Sichel ein Examen. Konnten die Frauen seine Fragen beantworten, geschah gar nichts Schlimmes. Doch war eine darunter zu naiv,

Der Sielower Serpel bestrafte Unwissenheit mit einem Nacktlauf

zu dumm und zu unwissend, zwang der Lüstling sie, sich völlig ausziehen und so zu ihrer Schande nackt nach Hause zurückzukehren. Aber sie kam wenigstens mit ihrem Leben davon.

In Drachhausen drohte man unartigen Kindern gern damit, dass der *Serpel* zu ihnen kommen werde. Wenn sie zum Beispiel im Sommer unter einem Eichenbaum lagen und schliefen, statt auf dem Feld den Eltern bei der Ernte zu helfen, wurde es für sie gefährlich. Denn im Eichbaum wohnte und saß der *Serpel*. Der stieg dann gern vom Baum herab, um ihnen die Kehle zu durchsicheln. Wenn er nicht auf der Eiche hockte, saß er gern in den Erbsen, weil die Kinder, von deren Süße angelockt, von ihm dann als Naschkatzen bestraft werden konnten. Doch ehrlich: „Kopf ab!" ist wohl eine arg schlimme Strafe für ein paar gestohlene Zuckererbsen.

Wenn er in den Schoten sitzt, hat der *Serp* oder *Serpel* eine rote Mütze auf, hat Wilibald von Schulenburg herausgefunden und er sieht in ihm gar generell ein Schotengespenst. Ansonsten, meinte der Sagenforscher, habe er einen langen, sichelartigen Kopf. Sonst sähe er aus wie ein Mensch, aber nicht wie ein richtiger – schränkt er unsicher wieder ein.

Der Kolkwitzer *Serpel* hat eine ganz besondere Eigenart entwickelt. Er passte auf, dass die Leute, vor allem die Kinder, ihre Füße waschen. Traft er einen mit schmutzigen Füßen, wurde dieser vom *Serpel*, wie bei den Clan-Angehörigen so üblich, einer strengen Befragung unterzogen. Wenn der Befragte durchhielt und jedes Mal antwortete: „Aber Wasser ist doch so teuer!", kam er davon. Verplapperte er sich aber, sagt etwas anderes oder gab aus Angst gleich gar keine Antwort, so schnitt ihm der Serp mit der Sichel die schmutzigen Füße einfach ab.

In Fehrow und in Burg finden wir in der Rolle des *Serpel* ein Gespenst, dass man *Posserpańc/Pošcerponc* nennt und das ebenso im Getreide und in den Erbsenschoten sein Wesen treibt.

Gespensterschwestern

Doch diese Gespenstermänner waren bei der Mittagsfrauen-Party, an der die Wowka teilnehmen konnte, in der Unterzahl. In größerer Zahl waren Tanten, Schwestern und Cousinen anwesend. Eine von Ihnen, die man auch in Bergen, in Branitz oder in Müschen kennt, wird *Serpolnica* genannt.

Diese *Serpolnica* achtet in Bergen darauf, dass keine Wöchnerin vor Ablauf der sechsten Woche auf dem Feld arbeitet und streift deshalb dort durch die Felder. In Branitz wollte sie eine Frau bestrafen, die spät abends zum Gras sicheln ging. Die Frau war schwerhörig und vernahm deshalb nicht die Kirchglocke, als sie Mitternacht schlug. Da wurde sie von der *Serpolnica* angegriffen. Die Schwerhörige war aber sehr kräftig und rang mit dem Gespenst eine geschlagene Stunde lang. Als der erlösende Ein-Uhr-Glockenschlag kam, stand die *Serpolnica* vom weiteren Ringen ab. Zerzaust und so schnell ihrer Kräfte noch reichten, lief die Schwerhörige heim.

Als das Gespenst in der Branitzer Gemarkung einmal zu einem anmutigen Hirten kam, knallte dieser aus Angst dreimal mit der Hirtenpeitsche. Zu seiner eigenen Überraschung musste er feststellen, dass der Peischenknall gegen die *Serpolnica* half – sie war verschwunden. Er hatte Glück – mehr als die Müschner feschen Kerle.

In Müschen berichtet man von der *Serpolnica* als einer wilden Frau. Sie habe aufgelöstes schwarzes Haar, schaue mit flammenden Augen und wohne in einer Höhle im Walde. Mittags ging sie aus und suchte vorzugsweise nach jungen Männern, die sich zur Arbeit im Walde befanden. Hatte sie einen aufgespürt, legte sie ihm sehr verfängliche Fragen vor nach seinen Erfahrungen mit den Frauen und generell über Liebesthemen. Wurden diese nach ihrer Meinung ungenügend beantwortet, musste der junge Mann sich ihre Umarmungen und ihre Küsse, bei denen sie ihm ihre behaarte Zunge in den Mund steckt, bis ein Uhr gefallen lassen. Manchmal hat die *Serpolnica* im Müschener Wald auch noch zwei Begleiterinnen, die dann ihren Teil haben wollen. Eine Flucht der Jungen wäre sinnlos, denn bald wären sie von den wilden Frauen eingeholt worden und hätten nun noch ärgere Strafe zu vergegenwärtigen.

An anderen Orten nennt man das Schotengespenst mit der Sichel und

Das Schicksal der feschen Müschner Kerle

manchmal mit der Sense als Waffe in der Hand, welches in Erbsen und Getreide in Erscheinung tritt, hier *Serponiza* und dort *Serownica* (so in Turnow), auch *Sserpelbaba* (so in Branitz und in Drachhausen), *Szerpelschija, Serpjielšyja* (Sichelhals) und noch anderen Varianten, die wohl alle denselben Dämonen meinen. Wegen der *Serpyšyja*, unter deren Obhut die Felder in Papitz und Ruben standen, sollte man keinen Getreidehalm mutwillig ausreißen. Kinder wurden vor ihr gewarnt, weil sie Verderben bringe. Manche stellen sie sich als große, kopflos umhergehende Frau vor. Und kopflos mache sie mit der Sichel die Kinder, die Kornhalme zertreten, Kornblumen im Getreide sammelten, oder Erbsen stahlen. Die Leichen steckt sie in einen Sack.

In Milkersdorf spricht man von der *Serpowa Baba*, die das Getreide bewache. Während die Mittagsfrau nur in den Mittagsstunden auftritt, hat dieser Dämon den ganzen Tag über und sogar in der Nacht Scheech-Dienst.

Leute, die des Wendischen nicht mehr mächtig sind, sprechen von der *Sichelhanne*, der *Sichelfrau*, von der *Flachsjungfer*. Die *Sichelhanne* tritt im Beeskow-Storkower-Raum und im Unterspreewald genauso wie die *Psezpolnica* auf, mittags auf dem Felde und den Sicheltod bringend.

Die *Sichelfrau* verunsichert im Sommer die Gegend um Görlitz und dann ist sie besonders aggressiv am Johannistage (24. Juli) sowie im Winter in den zwölf Rauhnächten zum Jahreswechsel, von Weinnachten bis zum Drei-Königs-Tag. Warum diese Nächte dazu gehören sollen, wo doch niemand auf dem Felde arbeitet, weder Getreide noch Erbsen, noch Flachs geerntet wird, klärt die Sage nicht auf.

Auch stellen sich manche in der Gegend die Sichelfrau jungfräulich vor, zwar eine Sichel tragend, doch mit schönem, bunt geblümtem Strohkranz auf dem Haupte. Diese Version der Sichelfrau sei schon so manchem erschienen, habe aber noch niemandem etwas zu Leide getan. Die *Flachsjungfrau* erscheint, wie der Name schon sagt, im Flachs, so auf dem Flachsberg bei Deetz in der Mittelmark. Sie kommt aber nur alle einhundert Jahre und zeigt sich dann aber das ganze Jahre lang. Sie sucht die Erlösung, doch ist diese noch nie geschehen.

Anna und Maria

Die Sichelhanne hat sich an anderen Orten oder bei anderen Gewährsleuten zu mehreren *Annas* und *Marjas* gewandelt, den Cousinen der Mittagsfrau.

Manche kennen eine *alte Anna*, andere die *lange Anna* oder die *wilde Anna* (*ziwa Anna*), auch die *Sichel-Anna*, die Anna mit den großen Zähnen – *Anna zubata* im Wendischen, oder die *carna Anna nad penku*, das ist die schwarze Anna, die auf dem Baumstamm sitzt. Manchmal spricht man auch von einer *Maria nad penku* – so in Domsdorf. Die *Anna* soll eine schlechte Frau in schlechten Kleidern gewesen sein. Sie hatte es, wie die oben schon geschilderten, mit ihrer Sichel ebenso auf die Kinder abgesehen, die ins Getreide oder die Erbsen gehen wollten. Die *wilde Anna* schreckte in Tauer die Kinder vor den Bohnen ab. Doch rohe grüne Bohnen zu essen ist wegen der Blausäure nicht berkömlich – war solch eine Abschreckung überhaupt nötig?

Wer *Anna Zubata* erblickte, den ergriffen Furcht und Schrecken und der lief in der Regel davon. So auch die

Guhrower Bauern, als sie das riesige Weib mit den großen Hauern vor sich sahen. Sensen und Ackergerät ließen sie in auf dem Felde liegen.

Ein Branitzer Bauer sah auf seinem Weg in die Heide eine Frau mit schrecklichem Gesicht, die ihn ansprach und fragte, was er hier mache. Doch er erschrak so tief bei ihrem Anblick, dass er unverzüglich umkehrte und nach Hause lief. Anderntags wurde er krank und starb nach acht Tagen – er war der *Anna Zubata* begegnet.

Die Sielower beschrieben ihre *Anna* mit riesigen Eckzähnen, die Vorderzähne dagegen seien klein. Auch giftig sei diese *Anna*, wie eine gefährliche Kobra. Wenn eine Frau spitze Eckzähne habe, sagte man in Greifenhain, sie sähe aus wie *Anna Zubata*. Doch andererseits warnte *Anna Zubata* in Gollscho Reisende um Mitternacht vor dem schlimmen Tod in den Sümpfen in der Nähe von Bomsdorf.

Die *schwarze Anna*, die auf dem Baumstamm sitzt und ihr langes, herunter hängendes Haar kämmt, schreckt besonders Kinder davor ab, allein in den Wald zu gehen. Genauso agiert *Marja/Maria nad penku*. Doch soll Maria gelegentlich auf einem weißen Pferde aus dem Wald geritten gekommen sein und die Kinder mit in den Wald genommen haben.

Am Johannistage und am Marientage war sie besonders gefährlich für die Beerensammler im Wald. In Müschen erzählte man sich, dass sie Kindern, die am Marientage im Wald sind, im Geäst von Stamm zu Stamm hinterherspringe, bei guter Gelegenheit eines erhasche und mit auf ihren Wohnstamm nähme. Dort wurden die Kinder von der schrecklichen *Maria* liebkost und geküsst.

Aber auch Erwachsenen ward sie gefährlich. Ein Mann aus Sielow begegnete ihr im Wald. Der dachte sich, dass er die komische schwarze Alte auf dem Stamm ärgern könne. Doch *Maria* berührte ihn plötzlich mit einem Stock und er wurde gänzlich blind. Bald darauf erlöste ihn der Tod von diesem Elend. Da diese *Maria* keine Christin war, hackte sie an den großen Feiertagen ihr Holz und zwar so laut, das die Schläge auch bis nach Ströbitz hallten. Das wollten die Ströbitzer nicht durchgehen lassen. Man stöberte *Maria* auf und wollte sie einfangen. Doch war kein Herankommen an sie auf ihrem Stamm. Sie biss und kratzte die Angreifer fürchterlich und heulte so schrecklich, dass man sich zurückzog. Im zweiten Angriff auf sie wollte man ihren Wohnstamm einfach umsägen. Doch kaum hatte die Säge an der Borke geritzt, blutete die Wunde unstillbar wie ein Wasserfall. Darüber waren die Ströbitzer derart erschrocken, dass sie Hals über Kopf davonliefen. *Maria* aber blieb ruhig auf ihrem Stamm sitzen.

Die Tanten der Mittagsfrau

Auch die Tanten der Mittagsfrau, mit denen Wowka auf dem Fest sprach, wirkten ähnlich, wie sie. Jenseits der Lausitz geht die *Roggenmuhme*, oder *Roggenmeeme*, die man in Oderin kennt, in der sommerlichen Mittagshitze um.

Sie schwebt unsichtbar über den Kornfeldern und lässt im hohen Getreide Mohn- und Kornblumen blühen. So lockte sie Kinder an. Wenn sie ihr Ziel erreicht hatte, schlugen die Halme über den Köpfen der Angelockten zusammen und das wogende Kornmeer verschlang sie. Nie würden sie herausfinden, sanken schließlich mit glühend heißer Stirn und brennenden Wangen um, wurden von unerträglicher Müdigkeit überfallen und schliefen alsdann in den Tod. Ebenso deren Schwestern: die *Kornmuhme*, der *Roggenmiene*, die *Kornmutter*, die *Schotenmutter*.

Etwas Besonderes sind die *Frau mit den eisernen Zitzen* und die *Arftenmöine*. Sie drücken die Kinder fest an ihre Brust. Die Brustwarzen sind aber scharf wie Dolche und die Kinder können diese „Liebkosung" nicht überleben.

Smertnica klopft an, dem Kranken im Bett kann keiner mehr helfen

Deshalb sagt man in der Altmark: „Wart de *Busebäre*, de olle Håksche kummt". In Hadmersleben gibt es deshalb den Vers: *Frau Anne Marie Ittchen – mit ihren eisernen Tittchen.*

Im Rheinland bewahrt die *Mittagsmutter* die Obstbäumefrüchte vor dem Zugriff der Kinderhände.

Freundinnen der Mittagsfrau

Einige andere starke Gespenstinnen unserer Gegend wird Wowka wohl nicht auf dem Mittagsfrauenfest gesehen haben könne, denn sie gehören nicht zum Sichel-Clan, es sei denn, sie waren als Freundinnen geladen.

Das ist die *Smertnica/Smertniza*. Die ist eine blasse aber wohlgebildete und weiß gekleidete Frau. Wenn sie sich vor einem Hause zeigt, stirbt darinnen in den folgenden drei Tagen ein Hausbewohner. Manchmal pocht sie an die Haustür, um ihre Ankündigung zu verstärken.

Ist sie eine, die den Tod verkündet, bringt ihn die *Mara*, deren Name sich

Sechs nackte Jungfrauen pflügten zum Schutz gegen die Pest eine Furche um den Ort, eine mindestens sieben Jahre alleinstehende Witwe zeigte ihnen die Richtung und ein Jüngling führte den Pflug

von dem wendischen Begriff für die Totenbahre ableitet. Sie zeigte sich auch, wenn einem Ort Seuche und Pest drohte. Doch gab es auch gegen sie ein Abwehrmittel, das man in Sorau und Sommerfeld anno 1602 anwendete.

Man wählte in der Gemeinde zwei jungfräuliche Knechte und sechs Jungfrauen sowie ein Witwe im siebenten Jahr ihrer Witwenschaft aus. Dann traf man sich um Mitternacht vor dem Ort und zog mit der Raite einen Kreis im Ackerboden. In diesen traten die Frauen, die sich nackt ausziehen mussten und welche dabei auch nicht sprechen durften. In der Zwischenzeit brachte man einen Pflug und das Zubehör zum Pflügen. So wurden dann die nackten Jungfrauen vor den Pflug gespannt. Die Witwe mit der Raite ging voran und gab die Richtung an. Einer der Jünglinge führte den Pflug, der andere hütete die Kleidung im Kreis. So wurde eine Kreisfurche um das Dorf oder die Stadt gepflügt, damit die Pest nicht hinein konnte. Nach der Arbeit gingen alle ganz still und ungemuckt nach Hause.

Am Kotmar kennt man jedoch eine ganz andere *Mara*. Dort wandelt sie zur Mittagszeit über Land und überall dort, wo sie hintrat sprießen die saftigsten Gräser, blühten die schönsten Blumen, wuchsen die heilsamsten Kräuter.

Geister, wie die *Wurlawy*, kamen abends aus dem Wald in die Dörfer und schauten, ob die Mädchen abends um zehn von der Spinte ließen und nach Hause gingen. Für Männer interessierten sich dieses Gespenster nicht. Traf die *Wurlawa* eine Spinnerin nach zehn an, bekam sie von ihr viele Spindeln in die Hand, die sie alle in einer Stunde voll gesponnen wieder abholen wollte. Und welche zu Hause nach zehn noch spann, der warf die *Wurlawa* die Spindeln durch das Fenster. Schafften sie in der vorgegebenen Stunde das Ziel nicht, bezahlte es die Spinnerin mit ihrem Leben. Doch konnte man die *Wurlawy* auch austricksen. Eine Bäuerin von Papitz sollte eine ganze Mulde aufgehäufter Spindeln füllen. Die Schlaue wickelte jedoch immer nur einen einzigen Faden auf jede Spindel und war so schnell fertig. Zornig vor Wut zog die *Wurlawa* ab, denn sie konnte ihr so nichts anhaben.

Da ist weiterhin die *Muraua/Morawa/Mure/Mårte/Måre/Made* – die nächtlichen Plagegeister. Die bedrückten die Menschen im Schlaf, nahmen ihnen Atem und Regung. Sie kamen nachts durch das Schlüsselloch, schliechen sich ans Bett und legten sich dem Schlafenden auf die Brust. Erkennen soll man sie an ihren über der Nase zusammengewachsenen Augenbrauen – wobei die menschlichen Frauen mit diesem Merkmal keine Gespenster sind. In Mochow jedoch, abweichend von der Norm, sitzt die *Marau* auch im Korn und im Sackrow und Straupitz als *Mürawa* mit der Sichel im Feld wie eine Mittagsfrau.

Wen niemand mehr die Namen der Gespenstinnen weiß, sprechen manche Leute einfach von der *Weißen Frau*, der *běła žeńska* – diese kann aber in Wirklichkeit die Mittagsfrau sein, oder auch nicht. Viele Gespenster, wie wir nun wissen, trugen weiße Gewänder. Jene weißen Frauen, die auf einer Ritterburg scheechen, gehören ganz gewiss nicht zu den Mittagsfrauen. Andere weißen Frauen zeigen sich mit den Eigenarten einer Mittagsfrau oder geben sich so wie deren Schwestern, Cousinen und Tanten. Hier sollen zum Schluss einiger besonderer Taten *Weißer Frauen* gedacht werden.

Bei Drebkau biwakierten 1813 die Franzosen. Ein Trupp wurde ausgeschickt, in den Dörfern Nahrungsmittel zu besorgen. Die Leute kamen dabei an einer Grube vorbei, die ihnen voller Gold und Silber angefüllt zu sein schien. Natürlich stürzten sich die Soldaten auf diesen Schatz und füllten jeden Hohlraum ihrer Kleidung damit prall an, und nahmen alle Hände voll davon mit. Doch gerade als sie gehen wollten, stand am Grubenrand eine weiße Frau vor ihnen, die mit einer Sichel in der Hand drohte. Die Franzosen erschraken so sehr, dass sie alles Gold und Silber von sich warfen und davon eilten. Wo sich der Schatz heute befindet, wüssten die Drebkauer gar allzu gern.

Wernfried Maltusch aus Berlin schrieb in seinem letzten Lebensjahr 2016 an den Autor auf dessen Anfrage in einem Brief, dass unserem Großvater, Fleischermeister Wilhelm Radochla in Sauo bei Senftenberg, in den 1920er

Fleischermeister Wilhelm wird nachts auf dem Kippenweg zwischen Grube Bertha und Sauo von der Weißen Frau gegruselt

Jahren die *Weiße Frau* erschienen sei. Angstvoll, bleich und gegruselt sei er nach dieser Begegnung zum heimatlichen Hof zurückgekehrt und nur wegen seiner gut im Futter stehenden kräftigen Pferde konnte er schnell entkommen, meinte Wilhelm.

Großvater war zuvor mit seinem Gespann zum Aufkauf von Schlachtschweinen bei Bauern in Rauno unterwegs. Wie üblich, hat man damals ein gutes Geschäft mit einem Gläschen guten Schnaps begossen. Da kam es schon mal vor, dass die Pferde den Weg zum heimischen Stall selbständig finden mussten. Vielleicht hatte Großvater auch an diesem Tage ein paar Schweine zu viel eingekauft, war auf dem Bock eingeschlafen und dann von der scheechenden *Weißen Frau* aufgeschreckt worden, als er sich auf dem illegalen Weg über die Bergbaukippe kurz hinter Grube Bertha Richtung Sauo befand.

War diese *Weiße Frau* womöglich in harmloser Absicht unterwegs und warnte so vor der Gefahr von Grundbrüchen in der Kippe?

So harmlos wie Wilhelms *Weiße Frau* war auch die Stradower *Weiße Frau*. Sie erschien früher den Flachs-Wieterinnen. Mittags kam sie aus dem Stradower Park und wandelte auch über die Wiesen und Felder von Suschow, dann verschwand sie im Erlengebüsch.

Nur alle sieben Jahr zeigte sie sich. Zuerst hörten die Wieterinnen einen wunderbaren Gesang. Wenn sie in die Richtung des Gesanges schauten, konnte man sie wandeln sehen. Dort ging eine besonders schöne Frauengestalt in weißem Gewande. In einer Hand hatte sie die Sichel und mit der andern hielt sie eine Swiete Flachsstroh auf ihrem Rücken. Sehr nahe ging sie an den Unkrautfrauen vorbei, ohne den Blick auf sie zu richten. Der Pfarrer von Vetschau behauptete jedoch auch, dass diese *Weiße Frau* nur von jenen gesehen werde, die das kirchliche Abendmahl noch nicht genommen hätten.

Aus Oberschlesien wird vermeldet, dass man dort bei der Wüstung Wisch die *Weiße Frau* beim Sonnenuntergang wandeln sah. Ein Bauer habe sie gesehen, der nach dem Abendgeläute noch schnell sein Kleeheu zusammenharken wollte. Sie rief den Bauern laut ein kräftiges „Feierabend“ zu, dass man es sogar in den Nachbardörfern hörte, und verschwand für immer.

Quellen und weitergehende Literatur

Richard **Beitl**: Der Korndämon Sp. 271, in: Handwörterbuch des Aberglaubens, Bd. V, Leipzig 1932/33

Sächsisches **Burgen- und Heideland**, Heft 3, Tourismusverein Waldheim, o.J. und o.O.

Albert **Burkhardt**: Der Schatz von Chorin – Sagen und Märchen aus der Mark Brandenburg, Berlin 1991

J. F. Paul **Fahlisch**: Geschichte der Spreewaldstadt Lübbenau, 1928

Sagen aus dem Heimatkreis **Finsterwalde**: Hefte Heimatkalender Finsterwalde, Hrsg. Manfred Rothe,

Karl **Gander**: Niederlausitzer Volkssagen

Klaus **Gebler**, Ehrhard **Steffen**: Sagenhaftes Burg, Nr. 1

Dietrich **Grau**: Das Mittagsgespenst (daemonium meridianum), Untersuchungen über seine Herkunft, Verbreitung und seine Erforschung in der europäischen Volkskunde, Dissertation, Universität Bonn 1965

Johann **Georg**, Theodor **Grässe**: Der Sagenschatz des Königreichs Sachsen, Bd. 2, Dresden 1874

Heinrich Gottlob **Gräve**: Volkssagen und Volksthümliche Denkmale der Lausitz, Bautzen 1839

Gisela **Griepentrog**: Spreesagen, Berlin o.J. ISBN: 978-3-86650-232-1

Josef Virgil **Grohmann**: Sagen aus Böhmen, Prag 1863, S. 111–115 Polednice

Jacob **Grimm**: Deutsche Mythologie Bd. I, 1875, Bd. II

Karl **Haberland**: Die Mittagsstunde als Geisterstunde, in: Zeitschrift für Völkerpsychologie und Sprachwissenschaft, Bd. XIII, Berlin 1882

Ignaz Johann **Hanusch**: Die Wissenschaft des slawischen Mythos, Lemberg 1842

Karl **Haupt**: Sagenbuch der Lausitz, 1862

Leopold **Haupt**/Jan Anošt **Smoler**: Die Volkslieder der Sorben in der Ober- und Niederlausitz, Reprint 1992

Christa **Hinze**, Ulf **Diederichs**: Ostpreußische Sagen, München 1983

Peter **Huckauf**, Gedichte und Texte aus der Lausitz, Herausgeber: Norberg/Kosta, Potsdam 2014

Jungbauer: Mittagsgespenst, in: Handwörterbuch des Deutschen Aberglaubens, Bd. VI, Berlin, Leipzig, 1934/35

O. **Knoop**: Polnische Dämonen II, in: Hessische Blätter für Volkskunde, Bd. V 1, Leipzig 1906

Friedrich S. **Krauss**: Tausend Sagen & Märchen der Südslawen, Leipzig 1914

Sorbisches **Kulturlexikon**, Bautzen 2014

Norddeutsche Sagen, Märchen und Gebräuche aus Mecklenburg, Pommern, der Mark, Sachsen, Thüringen, Braunschweig, Hannover, Oldenburg und Westfalen, Hrsg.: Adalbert **Kuhn** und Wilhelm **Schwarz**, 1848

Sagen der **Lausitz**, Bautzen, 1972, 8. Auflage

Liebusch: Skythika 1833

Wilhelm **Mannhardt**: Wald- und Feldkulte, Bd I, Berlin 1904, Bd. II, Berlin 1905 derselbe: Der Korndämon, Beitrag zur germanischen Sittenkunde, Berlin 1868

derselbe: Aberglauben und Gebräuche aus Böhmen und Mähren, Leipzig 1864, Bd. I

Alfred **Meiche**: Sagenbuch des Königreichs Sachsen, 1903

Das Vermächtnis der **Mittagsfrau**, Sorbische Kunst der Gegenwart. Ausstellungskatalog, Bautzen 2003

Niederlausitzer **Mitteilungen**: 1) Schulenburg: Der Sserpel, Nr. 19/451–453, 2) Gander: Der wilde Jäger und sein Roß, Nr. 2/33-41; derselbe: Die Flurnamen des Kreises Guben, Nr. 11/113–257; derselbe: Sagen aus dem Gubener Kreise, Nr. 1/238–262; derselbe: Sagen und sagenhafte Mitteilungen aus dem Gubener Kreise, Nr. 2/121–132; derselbe: Sagen aus dem Gubener Kreise, Nr. 5/368–372; 3) Glockensage aus Luckau, Nr. 5/125. 4); Merkt Euch den Fleck, Nr. 3, S. 225f

Ewald **Müller**: Aus der Niederlausitzer Wendei, Cottbus 1925, Reprint o.J.

derselbe: Das Wendentum in der Niederlausitz, Reprint o.J.

O. P. **Nedo**: Grundriß der sorbischen Volksdichtung, Bautzen 1966

derselbe: Sorbische Volksmärchen, Berlin 1956

Pannach: Reliquien der Feld-, Wald-, Wasser- und Hausgötter unter den Wenden, in: Lausitzische Monatsschrift, Görlitz 1797

Will-Erich **Peukert**: Schlesische Sagen, München 1924 , Reprint 1966

Willkommen – Sagen der Lausitz, Heft mit Malblättern, Cottbus 2014, Zeichnungen Evelyn Antje **Pielenz**

Karl **Preusker**: Blicke in die vaterländische Vorzeit: Sitten, Sagen, Bauwerke, Trachten, Geräte zur Erläuterung des öffentlichen und häuslichen Volkslebens im heidnischen Alterthume und christlichen Mittelalter der Sachsen und angrenzender Lande, 3. Bändchen, 1844

Alexander **Rabenau**: Originalmärchen der Wenden, in: E. Kühn: Der Spreewald und seine Bewohner, 1889

Norbert **Reiter**: Mythologie der Alten Slaven, in: Götter und Mythen im alten Europa, Hrsg.: Hans Wilhelm Haussig, 1973; Bd. II des Wörterbuchs der Mythologie

Wilibald von **Schulenburg**: Wendisches Volkstum in Sage, Brauch und Sitte, 1934, Reprint 1985

derselbe: Wendische Volkssagen und Gebräuche, Cottbus 1930

derselbe: Innere Volkskunde, in: Landeskunde der Provinz Brandenburg (Brandenburgische Landeskunde) Bd. II: die Volkskunde, Berlin 1912

E. O. **Schmidt**: Schloß Altdöbern und seine Umgebung, Dresden 1930

Friedrich **Sieber**: Wendische Sagen, Jena 1925

derselbe: Sächsische Sagen, Jena 1926

Dieter **Sperling**: Aus dem Sagen- und Märchenschatz des Kreises Calau, Manuskriptdruck 1992

J. D. H. **Temme**: Die Volkssagen der Altmark, mit einem Anhang, Berlin 1839

Edmund **Veckenstedt**: Wendische Sagen, Märchen und abergläubische Gebräuche, Graz 1880; Reprint New Yorck

Wolfgang **Wientzek**: Prepaza, die schaurige Mittagsgöttin, in: Land und Volk um den Annaberg, Habelschwerdt 1931

Wikipedia.org/wiki/Mittagsfrau

Günter **Wermusch**: Rätselhafte Mark, Sagen und Märchen der Mark Brandenburg auf den Grund gegangen, Aufbau, Berlin 1998

www.faszination-spreewald.de/sagen/Die-Mittagsfrau.html

www.artedea.net/psezpolnica-die-mittags-frau/